Sur la pointe de mes vers...

FSC
www.fsc.org
MIXTE
Papier issu
de sources
responsables
Paper from
responsible sources
FSC® C105338

Christine B

Sur la pointe de mes vers...

Poésie

Édition : BoD · Books on Demand GmbH, In de Tarpen 42, 22848 Norderstedt (Allemagne)
Impression : Libri Plureos GmbH, Friedensallee 273, 22763 Hamburg (Allemagne)

ISBN : 978-2-3225-5397-6

Dépôt légal : Novembre 2024

A mon père Jean Bertaux qui m'a donné le goût du beau et des mots et à ma grand-mère Suzanne qui a tissé toute mon enfance ...

Remerciements à Sabine et Lydie pour l'accompagnement amical qu'elles ont accepté de poser sur mes émotions ...

Sur la pointe de mes vers

Ecrire avec mon âme

Sur la pointe de mes rêves

Quand mon crayon s'enflamme

Et qu'il devient disert ...

Je veux voir s'envoler

Mes rimes comme des oiseaux

Sur l'aile des alizés

Et qu'ils deviennent vos mots ...

Je les ferai chanter

Comme des notes de musique

Pour qu'ils puissent vous porter

Là où rien ne s'explique ...

Il existe des voyages

Dont le cœur se souvient

Ceux posés sur une page

Et que ma plume étreint...

Chez moi

C'est une maison bleue

Avec un chat chartreux

Des orchidées farouches

Et du jazz manouche ...

La cuisine se devine

Aux parfums qu'elle décline

Des agrumes sommeillent

Au creux d'une corbeille ...

Beaucoup d'objets chinés

Sont venus s'inviter

Sur des étagères noires

Les livres ont une histoire ...

La femme qui y vit

Aime la philosophie

Le thé la poésie

Son décor l'a choisie ...

L'heure immobile

Le jour à peine se lève

Une femme à sa fenêtre

Semble poursuivre un rêve

Et hésite à renaître ...

Son corps s'oublie un peu

Dans un plaid laineux

Après tout peu, importe

Les vêtements qu'elle porte ...

Au sortir du réveil

Habillée de sommeil

Seules ses jambes dénudées

Affolent la clarté ...

Sa chevelure rideau

Son visage de profil

Offrent un tableau nouveau

A cette heure immobile ...

Les regards

Que disent les regards

Qui parlent mieux que nos mots

Et qui souvent s'égarent

Pour faire le monde plus beau ...

Oublier de se taire

Souffler sur les mystères

S'offrir quelques aveux

Rien que du bout des yeux ...

Sans vraiment le vouloir

Allumer l'étincelle

Aux creux d'autres prunelles

Pour oser une histoire ...

Sous l'écran de nos cils

Se cachent des paysages

Aux rivages indociles

Où nous ferons naufrage ...

Le poète

Le chapeau sur la tête

La cigarette aux lèvres

A quoi pense le poète ?

En caressant son chat ...

Il imagine je crois

En attendant son verre

Des jeux de mots adroits

Et des rimes familières ...

Peu importe les vers

Lorsqu'ils nous sont offerts

On admire l'assonance

De tous ces mots qui dansent ...

Ces voyelles voyageuses

Et ces consonnes heureuses

Autant de friandises

Que Prévert poétise ...

Entre Chien et Loup

Le jour se perd un peu

La nuit attend encore

C'est comme un entre deux

Où les ombres jettent leurs sorts ...

Une terre ensorcelante

Une chaleur moins pesante

C'est l'entre chien et loup

Le crépuscule se joue ...

Et le ciel tend sa toile

Bien mieux qu'une araignée

Il va encore piéger

Des myriades d'étoiles ...

C'est l'heure des fleurs dormantes

Et des parfums obscurs

Avant d'être en attente

La nature se murmure ...

Deux oiseaux virtuels

Il a posé ses mots

Et elle a répondu

Après quelques photos

Ils sont passés au « tu » ...

Ils restent virtuels

Mais chaque jour s'interpellent

Message après message

L'un et l'autre s'envisagent ...

Il y a les phrases à rire

Et les phrases à séduire

Ce que l'on ose se dire

Ce que l'autre vous inspire ...

Ils sont comme deux oiseaux

Qui surfent sur la distance

Bien au-delà des mots

Pour faire mieux connaissance ...

La penderie

Aux cintres de ma vie

Pendent quelques habits

Tissus chargés d'histoires

Qui hante ma mémoire ...

Une robe de baptême

En dentelle blanche et crème

Un premier pantalon

Une tunique en nylon ...

Une mini- jupe en moire

Juste pour certain soir

Et un jean à paillettes

Idéal pour la fête ...

Un manteau bleu en laine

Pour que je me souvienne

Qu'à l'hiver de ma vie

Me parle toute une penderie...

Bruges

Elégantes et racées

Simplement alignées

Le canal prolonge

L'image qu'elles y plongent ...

Les façades brugeoises

Doucement apprivoisent

Les lueurs du couchant

D'un ciel s'orangeant ...

Le jour s'est mis sur pause

Et d'autres couleurs s'imposent

Bien avant que la nuit

N'y laisse son habit ...

La ville est un tableau

Qui se regarde dans l'eau

Une peinture flamande

Aux lignes inspirantes ....

La photo

C'est une photo d'école

Qu'elle avait oubliée

Et qui soudain s'envole

D'une boite cartonnée ...

On peut voir sur l'image

Qu'elle porte un tablier

L'époque était si sage

Qu'elle a les bras croisés ...

Elle hésite à être elle

Dans une blouse quadrillée

Au tissu qui rappelle

Les pages de ses cahiers ...

Ses yeux sont habillés

D'une lueur retenue

Un soupçon de gaîté

Que l'enfance a voulu ...

Tic ! Tac !

L'été est en automne

Et l'heure est en hiver

Que dire de tous ces hommes

Qui orchestre la terre ...

Drôle de mathématiques

Que celles des horloges

Des aiguilles la musique

Sans cesse nous interroge ....

On ajoute on soustrait

Et le temps divisé

N'en n'est pas moins abstrait

Même s'il nous est compté ...

Hier n'est déjà plus

Que demain l'on salue

Ces secondes qui s'affolent

Sur nos vies qui s'envolent ...

La chatte et le soleil

Le soleil est partout

La chatte s'étonne un peu

De cet automne trop doux

Aux couleurs de ses yeux ...

L'ambre de ses prunelles

Accroche quelques rayons

Et la chaleur est telle

Qu'elle sème des papillons ...

Deux feuilles se sont perdues

Sur le vert du verger

L'herbe les a reçues

Au creux de la rosée ...

Une lumière généreuse

Se penche sur ma chartreuse

On dirait que l'été

N'en finit plus de chanter ...

Surprise nocturne

Sur le chemin du retour

Mes phares ont éclairé

Entre bois et labours

Un trio de sangliers ...

Je les ai vus de loin

Ils sortaient des fourrés

Et venaient tester leurs groins

Sur l'autre bas- côté ...

Une laie son marcassin

Un solitaire puissant

Poursuivaient leur chemin

En grognant fortement ...

C'est la surprise nocturne

D'une famille sauvage

Qui habillée de lune

S'invite dans le paysage ...

Le retour

En ce début de jour

Octobre et son brouillard

Accompagnent le retour

D'un troupeau montagnard ...

L'été s'est effacé

Les bêtes sont en balade

Et les feuilles tombées

Annoncent leur dévalade ...

Tout en haut de l'alpage

Hier il a neigé

Il faut tourner la page

Et gagner la vallée ...

Et se dèmontagner

Vers les villages voisins

En attendant l'été

Et son soleil alpin ...

Le client du matin

Les vitres du café

Sont encore embuées

Le jour lance un défi

A la nuit qui s'enfuit ...

Accoudé au comptoir

Il boit son petit noir

Sans sucre et bien serré

C'est un habitué ...

Un client du matin

Son travail n'est pas loin

Il s'accorde une pause

Avant qu'son temps n'explose ...

Et le percolateur

Qui le connait par cœur

Lui offre son parfum

Comme unique soutien ...

A ma sœur (bon anniversaire !)

On m'avait proposé

D'avoir un frère bébé

C'est une sœur qui est née

Pour faire de moi l'ainée ...

Je me souviens encore

Du jour de sa naissance

Octobre tissait son or

Quand nous fîmes connaissance ...

Je n'ai pas oublié

Les jeux de notre enfance

Les secrets accrochés

A notre adolescence ...

En ce dimanche d'automne

Je suis venue fêter

Cette année qui résonne

Sur notre sororité ...

Les pierres se souviennent

Au fil de l'eau chantant

Se tient un vieux moulin

Il y a bien longtemps

Qu'il ne moud plus son grain ...

Les pierres de la rivière

Que le courant bouscule

Se souviennent qu'hier

Il était majuscule ...

Elles restent nostalgiques

De cette roue qui tournait

Et des notes de musique

Que les pales écrivaient ...

Saison après saison

La forêt change de ton

Le vieux moulin s'est tu

On ne l'entendra plus ...

Le monde malade des hommes

Des jours et des semaines

A ausculter le monde

Peu de joie tant de peines

Et la fièvre qui gronde ...

De ses anciens pansements

Un à un déchirés

Coule à nouveau le sang

Des blessures oubliées ...

Et face à nos silences

Comme remèdes proposés

Se propage la violence

Des peuples désespérés ...

Pire qu'une épidémie

C'est la haine et la peur

Qui sont nos vieux ennemis

Et qui sclérosent nos cœurs ...

Les arbres et le chemin

L'automne a saupoudré

Les arbres du chemin

D'une dédicace dorée

Que le ciel retient ...

L'étang est à côté

Et son miroir accueille

Le doux reflet tremblé

Des branches et de leurs feuilles ...

Et tels des papillons

Quelques-unes sont tombées

Pour laisser leurs frissons

Sur le sol goudronné ...

Du bout de mes souliers

Dans un bruit enfantin

Je vais les faire voler

Pour que chante le matin...

Entre brume et soleil

Le paysage s'étale

Une lumière blonde veille

Sur la joie qui s'installe

Entre brume et soleil...

Une teinte mandarine

Rend l'herbe presque irréelle

Certains arbres se devinent

Quand d'autres se révèlent ...

Tels de preux chevaliers

Ils guettent l'herbe qui brumaille

Une clôture barbelée

Y a posé ses mailles ...

Quelques oiseaux s'éveillent

Au creux de chaque feuillage

Et animent de leurs treilles

L'ensemble du paysage ...

La petite étincelle

L'arbre a offert son tronc

Aux enfants qui l'entourent

Et qui jouent sans façon

Dans la douceur du jour ...

Ils ont posé leurs mains

Sur l'écorce rugueuse

Et leurs rires vont bon train

La joie est contagieuse...

Si l'éclat de leur jeu

S'envole dans la forêt

C'est que l'enfance se veut

Vivre sans aucun regret ...

Puissent-ils garder plus tard ?

Aux creux de leurs prunelles

Au fond de leurs regards

Cette petite étincelle ...

Elle ... A ...

Elle a sur son visage

Bien mieux qu'un paysage

L'empreinte de toute une vie

Hier et aujourd'hui ...

Elle n'est plus demoiselle

Mais elle est toujours celle

Qui accueille en son cœur

Les peurs et les bonheurs ....

Elle ne s'est pas battue

Contre le temps révolu

Elle a apprivoisé

Une à une ses années ...

On voit sur son visage

L'audace de ses voyages

Et au creux de ses yeux

Un avenir radieux ...

Les noix

Juste la nuit avant

Septembre avait joué

De la pluie et du vent

Sur les branches du noyer ...

Sous l'effet conjugué

De ces deux éléments

La coque s'est libérée

De son fruit sur le champ ...

Le sol est verdoyant

Et les noix sont cachées

Seul, un regard perçant

S'invite à les chercher ...

Parmi l'herbe et les feuilles

Où elles étaient tombées

J'ai joué l'écureuil

Pour venir les glaner ...

Sur un air d'accordéon

Trois notes d'accordéon

Et le passé revient

Sur une drôle de chanson

Et un dimanche matin ...

Nos bols de café

S'offrent un petit déjeuner

Le soleil est frileux

Mes parents semblent heureux ...

Maman avec papa

Dansent dans la cuisine

Ils accordent leurs pas

Et une valse se dessine ...

Et aujourd'hui encore

Quand j'entends du musette

Je revois leur accord

Et leurs matins de fête ...

Cannes by night

Le ciel est un tableau

Où les couleurs flamboient

Le bleu a quitté l'eau

Les vagues sont magenta ...

La mer pétille ce soir

Comme un champagne rosé

On entend klaxonner

La vie sur la chaussée ...

Et l'or des lampadaires

Pointe le noir des palmiers

Qui s'inscrivent solidaires

Comme pour un défilé ...

Au soleil descendant

Quand la ville joue sa nuit

La croisette tient son rang

Dans un grand road - movie ...

Sur le quai

Un peu de nostalgie

Les trente étaient glorieuses

Sur cette photographie

On a l'âme voyageuse ...

Sur le quai de la gare

Trois bambins en attente

Le train est en retard

L'enfance n'est pas patiente ...

Ils emportent avec eux

En plus de leurs valises

Tout ce qui fera leurs jeux

Quand les heures s'improvisent ...

Ils rêvent les yeux ouverts

Et le cœur en partance

L'été leur est offert

Pour de jolies vacances ...

Le tonnerre

La journée s'est tendue

Fiévreuse et oppressante

Puis la nuit est venue

Comme unique délivrance ...

J'entends l'orage gronder

La pluie, elle, se libère,

La chatte vient de rentrer

Elle n'aime pas le tonnerre ...

La terrasse respire

L'ondée est salutaire

Et le ciel se déchire

Zébré par les éclairs ...

L'obscurité scintille

Sous ces flashs de lumière

Le noir se fendille

L'averse est en colère ...

Spectacle nocturne

Les ténèbres et un banc

Au design élégant

Imposent leur temps

Au reste du tableau ...

Une lune ronde cuivrée

Est venue caresser

L'eau qui se pâme un peu

Sous ce geste amoureux ...

La divine pulpeuse

S'appuie libre et heureuse

Et l'onde qui la reçoit

Ne cache pas son émoi ...

C'est comme un long baiser

Entre deux éléments

Qu'une nuit de volupté

Aurait voulu amants ...

Les mots

J'aime à les faire rouler

Sur l'encre des torrents

Comme le font les galets

Que pousse le courant ...

Ils sont parfois violents

Pourtant je les défends

Mais ils savent être doux

Aux tourments des remous ...

Comme les coquilles de noix

De mes jeux d'autrefois

Tout en rondeurs et lisses

Sur l'onde claire ils glissent ...

Des couleurs bleu-marine

Ont accroché mes mots

Et j'en ai fait des rimes

A défaut de bateaux...

L'invitation

Sur une nappe blanche

En dentelle du dimanche

J'abandonne les mots

Que brode mon stylo ...

Des voyelles savoureuses

Et des consonnes goûteuses

Autant de friandises

Que ma plume privatise ...

Au festin de ma langue

Les plaisirs s'invitent

Certaines phrases tanguent

Avant que d'être inscrites ...

J'ai posé quelques assiettes

Pour un billet rimé

Poètes ou non poètes

Vous êtes tous conviés ...

Nuit sur le Malsaucy

Le jour bascule enfin

Et plus rien ne retient

La nuit qui s'assoupit

Au bord du Malsaucy ...

Elle a baigné de suie

La rive qui s'appuie

Et a changé l'humeur

Du ciel et de ses couleurs ...

Doucement le lac s'imprègne

D'une journée qui s'enfuit

Et l'on entend à peine

L'eau et ses clapotis ...

Avec le crépuscule

Sont venus d'autres bruits

Un à un, ils bousculent

Cette nocturne vie ...

Le scooter

C'est une rue d'Italie

Où le soleil se perd

Et apporte avec lui

Des histoires éphémères ...

On l'avait voulu verte

Mais elle s'est tant ouverte

Que la porte a vieilli

Sa peinture est partie ...

Dans un pot en plastique

Une plante exotique

Jette son luisant feuillage

Contre un mur sans âge ....

Mais toutes ses pierres frémissent

Car un rouge scooter

Comme un baiser qui glisse

A fait battre son cœur ...

Le bassin

Au-delà du jardin

Une main l'a créé

C'est un joli bassin

Qui s'en vient balbutier ...

Quelques pierres arrondies

Posées en cavalcade

Organisent sa vie

Et le chant d'une cascade ...

La lumière s'incline

Sur le murmure de l'eau

Et habilement dessine

Certaines ombres au tableau ...

La verdure est autour

Et un hortensia bleu

Regarde avec amour

Le bassin mélodieux ...

Une femme en colère

J'ai mal à ma féminité

Chaque fois qu'un de mes droits est violé

Mes sœurs il faut vous réveillez

Ce monde est en train de nous piéger ...

Que faisons-nous de ces combats ?

Que d'autres, avant nous ont livré

Elles ont fait respecter nos droits

Et obligé la société ...

Ce ne sont pas quelques phallus

Qui vont gérer nos utérus !

Croyez-vous Messieurs les Censeurs !

Qu'une femme avorte de gaité de cœur ...

Amérique je t'ai tant aimée

Quand tu soufflais la liberté

Maintenant sans être libertaire

Je redoute tes vents contraires ...

La source bleue

Dans un décor karstique

Auprès de Montperreux

Par quel effet magique

Se trouve-t-elle sous nos yeux ? ...

C'est une surprise comtoise

Que l'on vient admirer

Cette source turquoise

Que la terre a créée ...

C'est au creux d'un rocher

Qu'elle est venue poser

Le topaze de son eau

Comme un bijou bleuté ...

On dit que par amour

Une princesse a pleuré

Ses larmes ont tant coulé

Que la source serait née ...

Un samedi en juillet

En riant elles prennent place

Sur un coin de terrasse

D'immenses parasols verts

Font de l'ombre aux couverts ...

On leurs a proposé

Une blanche sangria

Alcool et fruits mêlés

Leurs rires volent en éclats ...

Elles sont venues fêter

Les années qui se penchent

Leurs besoins d'exister

Malgré ce qui les dérange ...

Le monde n'est pas parfait

Mais la vie reste belle

En ce début juillet

Elles se sentent demoiselles ...

Ils sont si différents

Il a les yeux d'une nuit

Elle ceux d'un océan

Ils sont si différents

Mais rien n'empêche l'envie ...

Elle aime plus que tout

Son regard de loup

Lui, voudrait se noyer

Dans ses prunelles bleutées ...

Il n'ose envisager la blancheur de sa peau

Elle, elle reste troublée

Ne lui manque que les mots ...

Ils sont si différents

Mais rien n'empêche l'envie

Vont-ils devenir amants

Avant que d'être amis ...

Du jazz et un bouquet

Au couleur du soleil

Il pose dans mon salon

Offert de la veille

Quelle jolie attention...

Je ne cesse de contempler

La blondeur de ses fleurs

Qui viennent s'exprimer

Pour mon plus grand bonheur ...

Du vase au feuillage vert

S'envole un doux parfum

Qui depuis ce matin

Dans la pièce se perd ...

Pour que dans ma maison

Longtemps reste l'image

De cette composition

Je lui ai mis du Jazz ...

Le loto

Dans la salle du village

Ils sont venus nombreux

Et personne n'envisage

De ne pas être victorieux ...

Le speaker au micro

Annonce les numéros

Qu'une étrange machine

Un à un lui désigne ...

Parfois, sur leurs cartons

Le nombre correspond

Quand ils auront une ligne

Les joueurs crieront quine ! ...

Il y a les vrais chanceux

Qui gagnent plusieurs fois

Et leurs voisins envieux

Que la guigne tutoie ...

Un monde imaginaire

Couchée dans la bruyère

Elle contemple les nuages

Qui dans un ciel de mer

L'invite à faire voyage ...

Certains restent fuyants

Et passent tout simplement

D'autres, ce sont ses préférés

S'amusent à dessiner ...

Un monde imaginaire

Aux formes particulières

Seule, les yeux grands – ouverts

Un rêve lui est offert ...

Elle se laisse porter

Par ce ciel tourmenté

Quand la pluie arrivera

Alors elle partira ...

Le pêcheur

Assis au bord de l'étang

Canne à pêche en avant

Il laisse filer le temps

Un pêcheur c'est patient ...

Il est venu rêver

Comme tous les dimanches

Et il espère pêcher

Un brochet ou une tanche ...

Il imagine déjà

La canne qui se tend

Le poisson qui se débat

L'eau sur son ventre blanc ...

Mais depuis ce matin

Au milieu des grenouilles

Le poisson est malin

Le pêcheur, reste bredouille ...

Un train viendra

Est-ce parce qu'elle part ?

Que pleure le quai de gare

La voie ferrée se mouille

Lorsqu'une histoire s'embrouille ...

Seule sous son parapluie

Sur un coin de sa valise

La jeune femme est assise

Et son chagrin la suit ...

Le ciel s'ouvre sur elle

Pour l'habiller de pluie

A l'encre de ses prunelles

Quelques larmes s'oublient ...

Un train viendra bientôt

Pour la soustraire à l'eau

Et le chant du voyage

Fera naître d'autres images ...

Honfleur

Le ciel a su mêler

Saumon et rose dragée

Quand les bateaux se rangent

Honfleur sur eux se penche ...

Son image se renverse

L'eau du port la caresse

L'endroit devient l'inverse

Quelle étrange prouesse ...

Les bateaux de plaisance

Se balancent en cadence

Et font chanter leurs mâts

Tous d'une même voix ...

C'est l'heure où la lumière

Joue les aventurières

Et propose d'autres contours

Pour retenir le jour...

La fenêtre

C'est une fenêtre ancienne

Au style un peu sauvage

Qui aime se mettre en scène

Et s'offre un paysage ...

Elle se penche au-dessus

D'une rivière bucolique

Et n'est jamais déçue

Par sa petite musique ...

Vraiment rien n'interrompt

L'onde qui danse en rebonds

Et qui tend son miroir

Aux arbres pour se voir ...

Elle admire chaque jour

Ce magnifique tableau

Reflets et vert velours

S'affichent comme un cadeau ...

Du côté de Deauville

En cette fin de journée

Chevaux et cavaliers

Sont venus regarder

Le soleil se noyer...

La plage est un théâtre

Où les ombres se projettent

Quelques vagues violâtres

Affichent leurs fossettes ...

La mer accueille le ciel

Et leur simple effusion

Fait naître des étincelles

Pour sceller leur union ...

Le couchant est si beau

Que même les équidés

Semblent glisser sur l'eau

Avec leurs cavaliers ...

Pétales et sentiments

Il s'est risqué enfin

A lui offrir des fleurs

Il n'était pas certain

Du choix et des couleurs ...

Ce bouquet entre eux–deux

Ressemble à un aveu

Pétales et sentiments

Jamais indifférents ...

Le cœur a ses secrets

Quelques timides œillets

Qui se tiennent au chaud

Entre écharpes et manteaux ...

Leur amour a fleuri

A la fin de l'hiver

Alors ils l'ont cueilli

Sans plus en faire mystère ...

C'était un rendez-vous

Elle venait chaque jour

Pour regarder la mer

Et tomber en amour

Aujourd'hui plus qu'hier ...

Elle laissait faire le vent

Et jouer la lumière

Pour capturer l'instant

D'un monde imaginaire ...

C'était un rendez-vous

Au charme amer et doux

Qui la faisait rêver

Face à l'immensité ...

Car à chaque journée

Ce spectacle retrouvé

N'en finissait jamais

De livrer ses secrets ...

Dans la prairie

Ces futurs pull-overs

Se courbent vers la terre

On les a mis au pré

Car l'herbe est à brouter ...

Ils se tiennent tous en rond

Et la tête baissée

Le restaurant est bon

Pour tous ces affamés ...

Dans la prairie verte d'eau

A l'arrière du troupeau

Un bâtiment fermier

Est venu prendre pieds ...

Il vient nous rappeler

Que la main de l'homme résiste

Si la campagne existe

Il doit l'accompagner ...

Un peintre jardinier

Du haut de sa colline

La maison aux cyprès

Regarde le champ peuplé

De jolies fleurs sanguines ...

Sous le ciel de Toscane

Elles sont toutes à ses pieds

C'est un peintre jardinier

Qui a fait la campagne ...

Sur la toile il a mis

Au fil de ses envies

Parmi un vert profond

Du rouge à profusion ...

Et depuis la colline

La bâtisse jaune sourit

Quand leurs corolles s'animent

Au doux vent d'Italie ...

Son rituel

A peine le jour naissant

La magie de ses mains

L'a voulue écrivant

Au plus beau des matins ...

Et son stylo dessine

L'histoire qu'elle imagine

Les feuilles de ses carnets

S'ouvrent sur ses secrets ...

Elle aime ce rituel

Qui n'appartient qu'à elle

Quand une page blanche

Déclenche une avalanche ...

C'est un doux rendez-vous

Qu'elle savoure chaque matin

Sortir comme des bijoux

Les mots de leur écrin ...

Parmi les chants d'oiseaux

Un hamac bayadère

Dans un coin de nature

Idéal partenaire

Pour aimer la lecture ...

Au creux de son tissu

Une femme étendue

Savoure l'instant présent

Dans ses mains un roman ...

En jean et sandalettes

On ne voit pas sa tête

Un chapeau est posé

On doit être en été ...

Une histoire, quelques mots

Parmi les chants d'oiseaux

Un instant bucolique

Pour un livre magique ...

La messagère

Le ciel était d'ébène

Quand il a accueilli

La face d'une une pleine

Qui lui avait souri ...

Sa blondeur oubliée

La belle était cuivrée

Et ainsi saluait

Ce joli mois de mai ...

En porteuse d'une orange

La nuit semblait étrange

Pour cacher quel Dieu ?

Brillait-elle de ce feu ?

Légende amérindienne

Que l'on pourrait faire sienne

C'était la lune des fleurs

Messagère du bonheur ...

Premiers jours

Gémellité équine

Pour ces jeunes poulains twins

Ils ont la robe claire

Et ne quittent pas leur mère...

La naissance est récente

Et leurs jambes hésitantes

Les portent à peine nés

A l'ombre d'un grand pré ...

Leur mère reste attentive

A leurs moindres désirs

Un amour maternel

Anime ses prunelles ...

La prairie est complice

De leurs tout premiers pas

Et ce n'est pas malice

Si elle leur tend les bras ...

Le lac de Roselette

Ils sont partis matin

Depuis les Contamines

D'une sente à un chemin

La nature se dessine ...

Leurs pas les ont portés

Un peu avant midi

A cet endroit rêvé

Le site qu'ils ont choisi ...

Le ciel est en accord

Avec leur décor

Mais les mots sont petits

L'émotion les saisit ...

Le toit du monde plonge

Ses neiges éternelles

Et le lac les prolonge

Pour qu'elles nous émerveillent ...

Les tulipes

Le décor est léché

Et la table cérusée

Dans un pichet grisé

Un bouquet est posé ...

Sur des tiges vert amande

Des tulipes élégantes

Ont longtemps hésité

Être blanches ou rosées ...

N'ayant pas pu trancher

Elles ont gardé les deux

Et leurs têtes veinées

Offrent un effet heureux ...

Ce bouquet parfumé

C'est un bout de printemps

Au creux de l'appartement

Qu'une main a laissé ...

De Midi à Minuit

En venant se frotter

Aux pierres qui font son lit

Il ne cesse de rouler

De midi à minuit ...

Les arbres sont charmés

Par cette chanson rythmée

Qui monte de la forêt

Et fait le temps plus gai ...

Sur les galets, la mousse,

Veut la chanson plus douce

Là où le courant pousse

Et où l'écume tousse ...

De liberté épris

Le ruisseau suit sa vie

Jamais sa mélodie

Ne trouve de répit ...

Quand une rose s'en va

Elle n'était pas certaine

De voir une autre semaine

Il y a quelques matins

Qu'elle hantait le jardin ...

Elle se souvenait encore

Du jour de sa naissance

De la douce caresse

Du soleil sur son corps ...

Posée à mi-hauteur

D'une blanche pergola

Elle entourait ses sœurs

D'un parfum délicat ...

Ses pétales jonchent le sol

Et son cœur s'affole

C'est la dernière fois

Que le jardin la voit ...

De bougies en bougies

J'ai eu quinze ans un jour

Avec ce qui va autour

De bougies en bougies

J'ai déroulé ma vie ...

A chaque anniversaire

Il y a eu d'autres lumières

Pour venir éclairer

Une à une mes années ...

Sauf si je deviens centenaire

J'ai fait plus de la moitié

Mais ce qui m'est offert

Reste à imaginer ...

Je vais les savourer

Tous ces jours à venir

Pouvoir y accrocher

Encore d'autres souvenirs ...

Le ciel est une toile

Entre bleu gris et vert

Le ciel est une toile

Qui se tend et espère

Qu'une averse s'installe ...

Les arbres sont fleuris

Et ils attendent aussi

Quelques gouttes salutaires

Qui caresseraient la terre ...

En cette fin de printemps

Une pluie façon diamants

Qui rendrait transparent

Leurs pétales jaunes et blancs ...

Mille et une gouttes d'eau

Qui tomberaient en rideau

Pour venir faire chanter

Le parc tout entier ...

Ma charmeuse chartreuse (à Perle)

Il n'est pas de secret

Qui ne se dévoile jamais

Je vous présente quelqu'un

Qui se rêve écrivain ...

C'est elle qui chaque matin

Une fois que j'ai écrit

Vient me dire si c'est bien

Avant que je publie ...

Ma charmeuse chartreuse

Dans une de ses neuf vies

A dû être amoureuse

De certaines poésies ...

Et quand l'ombre de ses yeux

Sur mes mots a fait feu

Je suis autorisée

A vous les proposer ...